AF565815

Walter Weinzierl • Rainer Nitzsche

Faszination Tracht

8 92
Neubeuern

Walter Weinzierl • Rainer Nitzsche

Faszination Tracht

Edition Förg

Inhalt

Vorwort

Bayern und seine Trachten – so verschieden, wie die Menschen sind, ist auch ihr überliefertes Gwand, das den unterschiedlichsten Anlässen entsprechend getragen wird.

Ein Trachtensommer im Landkreis Rosenheim mit drei großen Gaufesten gab den Anstoß, einen Querschnitt durch die Trachtenlandschaft im südöstlichen Oberbayern zu zeigen. Aufnahmen an anderen kirchlichen oder weltlichen Festtagen sollen mit Beschreibungen zu Einzelheiten einen kleinen Einblick über Tracht und Zubehör geben.

»Tracht is a Kastn volla Gwand, aus dem i mir zum entsprechenden Anlass des richtige raustua.«

Dieser Ausspruch des langjährigen Vorsitzenden im Bayerischen Trachtenverband Hans Zapf † (München) sagt uns schon, dass es für jede Gelegenheit passende bodenständige Kleidung gibt. Und viele Menschen im Voralpenland erwecken diesen Spruch zum Leben:

- ob im Sommer oder Winter,
- ob zum Tanz oder bei der Arbeit,
- auf dem Markt oder Volksfest,

zu fast allen Anlässen gibt's ein bodenständiges Gwand.

Höhepunkt in jedem Trachtenjahr sind natürlich die Gau- oder Jubiläumstrachtenfeste, Fahnenweihen, die kirchlichen Feiern wie Fronleichnam oder Hochzeiten – mit festlichem Gwand wollen viele diesen Tagen den entsprechenden Glanz geben.

Mei Freind und i …

Woher kommt aber diese Liebe zum Bodenständigen, zur Wiederbelebung jener Art sich zu kleiden, die wir als Tracht bezeichnen? Um das herauszufinden, müssen wir ins 19. Jahrhundert zurückblicken, als nach der Lockerung der Kleiderordnungen die Landbevölkerung sich mehr städtisch und bürgerlich kleiden wollte und als modische Einflüsse als Folge der Französischen Revolution die Tragegewohnheiten in unserem Land veränderten.

Eine Stammtischidee wird zur Jahrhundert-bewegung

Gründungsmitglied des Gebirgstrachten-erhaltungsvereins »d'Mangfalltaler« Kolbermoor

RECHTE SEITE: Ein Beispielbild aus dem Jahr 1928

Am Pfingstmontag des Jahres 1883 traf sich in Bayrischzell am Wendelstein der Lehrer Josef Vogl mit seinen Stammtischfreunden. Sie beklagten das Verschwinden der »kleidsamen Volkstracht« und beschlossen, dieser Entwicklung Einhalt zu gebieten und sich jeder eine Lederhose anfertigen zu lassen. Mit den Worten von Vogl »Wisst's wos, gründ' ma an Verein« war die Geburtsstunde der Trachtenbewegung in Bayern eingeläutet. Fortan entstanden immer mehr Trachtenvereine entlang der Alpenkette, aber auch im »flachen Land« und über die Grenzen Bayerns hinaus. Auswanderer nahmen ihre Tracht mit. Deren Nachfahren pflegen bis heute zum Beispiel im Rheinland, in Berlin, in Nord- und Süd-amerika, Kanada und anderen Orten dieser Welt unsere oberbayerische Gebirgstracht.

Und wenn aus der ganzen Welt Besucher in unser schönes Bayern kommen, dann denken viele an die Berge, die Königsschlösser, an das Oktober-fest, das Hofbräuhaus – und nicht zuletzt an die Trachten. Bayern ist damit reich gesegnet: Gebirgs- und Volkstrachten, historische und erneuerte Trachten, Gwand für Festlichkeiten und für den Alltag – es gibt stets etwas Passendes, wie bereits eingangs erwähnt. Aber immer erkennt man: Aha, da kommt ein Bayer. Und wer genauer hinschaut und ein wenig Bescheid weiß, kann sogar erkennen, woher die Trägerin oder der Träger kommt.

Allerdings gibt es nicht einfach nur *die bayerische Tracht*. Eine riesige Vielfalt macht das Erschei-nungsbild im »bairischen Gwand« bunt.

ebirgstracht - Erhaltungsverein
Mangfalltaler.-Kolbermoor.

Sauber muaß' sei

Straußdorfer Dirndl freuen sich auf das Fest.

Vielen steht die Freude ins Gesicht geschrieben, wenn sie mit ihren Gleichgesinnten zusammen sind, wenn gegenseitig begutachtet wird, wie die Haare beim Dirndl (Mädchen, junge Frau) kunstvoll geflochten sind oder der Ranzen des Buam (Junge, junger Mann) aufwendig bestickt ist.

Damit der Hut sitzt!

Passt's?

Großes Augenmerk wird auf die Sauberkeit in der Tracht gelegt: Da muss jede Falte passen, das Einstecktuch darf nicht verrutschen, Strümpfe oder Loiferl müssen halten, das Krawattl (Bindl, Schmieserl usw.) muss sitzen, die Frisur sowieso. Das Anlegen mancher (Frauen-) Festtrachten kann deshalb schon eine Stunde oder mehr dauern. Meist sind Helfer(innen) dabei, die Nahterin (beim Brautgwand) oder die Mama, Schwester. Aber auch viele Männer sind geschickt und lernen, ihre Frauen beim Ankleiden zu unterstützen.

Alle helfen mit.

Ledig oder verheiratet – man erkennt's am Gwand!

Die ledigen Dirndl sind anders gekleidet als die verheirateten Frauen. Während die Kinder einfache Spenzer oder Samtmieder tragen, dazu einen Rock mit Schürze und als Kopfbedeckung manchmal einen Dreherhut, ist bei den jungen Frauen das steife Mieder weitverbreitet und hält beim Tanz feste Griffe ab.

Der Spitzenstecker (auch Schmieserl oder Buamatratza genannt) dient dazu, auf züchtige Weise das zu verdecken, was das männliche Geschlecht noch nicht sehen darf. Ein Rock mit Schürze sowie ein Hut mit kleinem Gamsbart oder Adlerflaum ergänzen die Festtracht der Ledigen.

Ruhpolding »D'Miesenbacher«

127.
Gaufest
16.07.2017
GTEV
Bad Feilnbach

Wie ein Ei dem anderen gleicht sich dieses Paar aus Ostermünchen.

Roßholzen am Samerberg

Haartracht

Auf die Frage »Wer hat dir denn die Haare so schön gemacht?« kommt meist die Antwort »Mei Mama«! Mit welchem Geschick sich »Mähnen« in kunstvoll geflochtene Gebilde verwandeln lassen, erstaunt manchmal sogar professionelle Friseurinnen.

»Na san d' Haar aufgramt«, antwortete eine Bäuerin auf die Frage, warum sie ihre Kopfpracht so trägt. In der Tat, bei vielen Arbeiten – in der Küche oder im Garten – stören offene Haare, sie sind unzweckmäßig. Im Chiemgau (Gebiet im Voralpenland östlich des Inns rund um den Chiemsee) ist deshalb die Gretlfrisur oder auch einfach »'s Gredei« weitverbreitet. Während es früher eher praktische Gründe hatte, die meist sehr langen Haare zu flechten und zu stecken, setzen die Trachtlerinnen heute mit dem eigenen Haupthaar oder einem farblich passenden Haarteil zum ohnehin schönen Dirndl das Tüpfelchen auf das i.

Gretlfrisur

Woher kommt der Name? Vielleicht ist er abgeleitet aus Goethes *Faust*: In der Abendszene flicht das Gretchen Zöpfe. Zu den berühmten Trägerinnen dieser Frisur gehören Kaiserin »Sisi« von Österreich oder Julija Tymoschenko, die ehemalige Ministerpräsidentin der Ukraine.

Eine silberne oder goldene Spange verziert das »Gredei«.

Vom Schalk über das Kasettl zum Röckegwand – Festtrachten der verheirateten Frauen

Bad Feilnbacher Frauen

RECHTE SEITE:
Schöne Rückenansicht des Schalks mit dem Miesbacher Goldschnurhut und der Goldkette um die Schultern

Der **Schalk** hat sich erst nach und nach als Festtagstracht entwickelt. Ende des 19. Jahrhunderts heirateten immer mehr Bäuerinnen im Oberland in dem meist schwarzen, aufwendig verarbeiteten Gwand mit reicher stofflicher Verzierung. Zehn Meter Halbseide, 40 Meter Spitze, 150 bis 200 Meter Paspolschnur und 2 ½ Meter Seide werden von Schneiderinnen in rund 80 bis 100 Arbeitsstunden kunstvoll gestaltet und nach den überlieferten Grundsätzen ohne Reißverschluss nur mit Haken, Knöpfen und Ketterl gefertigt. 3000 Euro legt »Frau« heute für einen kompletten Schalk hin, dazu kommen noch der Miesbacher Schnurhut, Schuhe, Strümpfe und nicht zuletzt schmückende Nadeln sowie eine Goldkette um die Schulter. Das »Schmiesei« und das in Falten gelegte Schalktüchl bedecken größtenteils den Ausschnitt. Das vielfach gefaltete Rückenschößl und die nach oben stehenden Seitenschößl sind auffällige Unterschiede zum Beispiel zum Kasettl. Dazu kommt der bis zum Boden reichende Seidenrock mit dem farbigen Schürzl (Oberland = nördliches Voralpenland zwischen Lech und Inn).

Die »Garnier« ist beim Schalk stärker ausgearbeitet als beim Kasettl oder Röckegwand. Das Oberteil wird nur mit Haken zusammengehalten, silberne Nadeln mit aufwendig verarbeiteten Köpfen helfen hierbei.

Stolz tragen die Litzldorfer Frauen ihren Schalk; an der Spitze der Gruppe sehen wir ein lediges Miederdirndl.

Au bei Bad Aibling

Rückenansicht des Kasettls mit gesmokten Ärmeln

Kasettloberteil mit goldbesticktem Einstecktuch und Goldkette

Das **Kasettl** (oder Karsettel, Karsedl, die Schreibweise entwickelte sich von Ort zu Ort unterschiedlich) überwiegt im Inntal. Dieses Festtagsgewand wird von Kiefersfelden bis Rott am Inn getragen, grenzüberschreitend auch im Tirolischen bis Hall oder Kitzbühel.

Gefertigt aus schwarzem, gemustertem Seidenstoff, ist es am Hals- und Rückenausschnitt reich mit Rüschen- und Spitzenmustern verziert; mit vielfach gesmokten oder gereihten Ärmeln zeugt es oft von einem Meisterwerk der Näherin.

Den Halsausschnitt zieren seitlich zwei weiße, goldbestickte Einsätze. Die Schürzen sind aus hellem gemustertem Seidenstoff und werden mit langen Bändern zusammengebunden. Dazu gehört der am unteren Rand mit Gold bestickte Inntaler Bänderhut, auch als »Audorfer Hut« bekannt, mit einer oder zwei Goldquasten und zwei langen gemusterten Seidenbändern.

Das Kasettl ist im Inntal daheim, deshalb wird hierzu der Inntaler oder Audorfer Hut mit den langen Seiden- oder Samtbändern getragen.

Östlich des Inns – vom Chiemgau bis in den Rupertiwinkel – ist das **Röckegwand** weitverbreitet: Aus glatter Seide oder Halbseide gearbeitet, wirkt es ein wenig schlichter, aber dennoch nicht weniger schön. Ein goldbesticktes Einstecktuch sowie der »Priener Hut« ergänzen das Chiemgauer Frauengewand mit dem glatten – am oberen Rand gereihten – Rock, der etwa bis »Maßkrughöhe« über dem Boden aufhört.

Drei stolze Atzinger Röckefrauen mit dem »Preana-Hut« (zum Teil mit doppelseitigen Quasten), der seinen Ursprung unter anderem im Inntaler oder Audorfer Hut hat.

Alle drei Gewänder (Schalk, Kasettl, Röcke) sind grundsätzlich schwarz gehalten, jedoch kommt zunehmend wieder Farbe in den Schalk oder ins Kasettl, wie es vor der Einführung der Modefarbe Schwarz um die Wende vom 19. zum 20. Jahrhundert war.

Frauen tragen mehrheitlich einen Schnür- oder Spangenschuh. Allerdings gewinnt auch der von Männern bevorzugte Haferlschuh zunehmend Anhängerinnen – Geschmackssache! Umgekehrt würde das meiner Ansicht nach vermutlich nicht funktionieren.

Zu allen Gewändern wird entweder der Miesbacher Schnürschuh oder ein schwarzer Spangenschuh angelegt.

LINKE SEITE:
Da passt alles zusammen …

Historische Trachten

In einigen Orten ist auch historische Bekleidung zu sehen. Das »Beurer Gwand«, eine bürgerliche Festtracht um 1820, wurde 1982 wiederbelebt, anhand von Originalvorlagen nachgeschneidert und wird mittlerweile von etwa 80 Frauen, Männern und Kindern in Neubeuern am Inn getragen.

Kleiner Mann mit großem Hut: Taferlbua

Bergen, historische Tracht

Aufwendig goldbestickter Hut

Beurer Gwand – wiederbelebt im Jahr 1982

EVI'S HAARSTUDIO

Männergwand

Unterschiedliche Arten von Stickereien, individuell auf den Träger zugeschnitten, lassen die Geschicklichkeit und Eigenart der Säckler und Stickerinnen erkennen.

Weltbekannt – die Lederhose

Während für die ersten Lederhosen noch Ziegen- oder Rindsleder verwendet wurde (die Jagd auf Wildtiere war nur den »höheren Ständen« wie dem Adel vorbehalten), wurde nach und nach Hirschleder gebräuchlich. Stickereien am Hosenlatz oder an den Hosenbeinen, auch seitlich, zieren jetzt die »Kurze«, während bei den Plattlerhosen aus Spalt- oder Laponialeder meist auf diese Ausschmückung an den Hosenbeinen verzichtet wird (sie wäre auch nach etlichen Plattlern »herausgeschlagen«).

Bundlederhosen, die bis etwa 1850 allgemein getragen und dann erst nach dem Zweiten Weltkrieg »wiederbelebt« wurden, sind für die kältere Jahreszeit bestimmt, im Bereich der historischen Trachten oder teilweise bei den Gebirgsschützen jedoch ganzjährig verbreitet.

Nachdem das Hirschleder vom Säckler nach Maß zugeschnitten und per Hand in 10 bis 15 Stunden mit Eichen-, Efeu- oder Weinlaubmuster bestickt wurde, werden die vier Lederteile zusammengenäht und mit den Zubehörteilen (Knöpfe, Bandl usw.) versehen. Das Säcklerhandwerk erfreut sich einer guten Auftragslage, hat aber auch seinen – gerechtfertigten – Preis (die hier abgebildete »Kurze« war dem neuen Besitzer 920 € wert).

Strapse für Männer? Alte Fotografien aus den Zwanzigerjahren des letzten Jahrhunderts zeigen Männer, die zur kurzen Lederhose lange gestrickte (Schnee-)Strümpfe tragen, die mit Riemen oder Bändern (ähnlich Strapsen) gehalten werden. Das mochte zwar warm halten, aber anmutig schaut anders aus. Ein Überbleibsel aus dieser Zeit dürften wohl die seitlich geschnürten Bänder bei der »Kurzen« sein, an denen die langen Strümpfe angebunden waren.

Damit die Hose hält!
LINKS: Klassisch, mit Bayernwappen vereinsbezogen, persönlich mit Initialen …
UNTEN: … mit Motiv oder nostalgisch, mit Porträt von König Ludwig II.

Wenn von bayerischer Männertracht gesprochen wird, dann denken viele an die Miesbacher Gebirgstracht mit dem Scheibling (Hut), der grauen Joppe, dem grünen Leibl, der gelb- oder grünbestickten Lederhose, den handgestrickten grauen Strümpfen und den schwarzen Schuhen. Im Chiem- und Rupertigau (zwischen Inn und Salzach) wie auch im gesamten Alpenvorland ist daneben die grüne Joppe weitverbreitet mit dem Chiemgauer oder Aschauer Hut, die zusammen mit einer gleichfarbigen Stoffhose als »forstgrüner Anzug« getragen wird.

LINKS: Chiemgauer Hut mit Spielhahnstoß

RECHTS: Was »Mann« braucht.

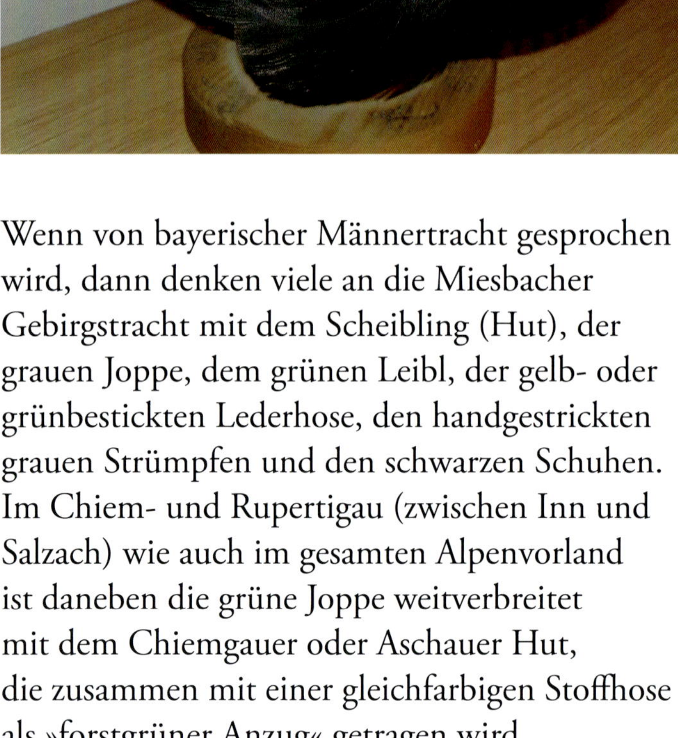

Beim Antlaß (Fronleichnam) in Wildenwart

Volkskunde am Beispiel Hut

Warum tragen manche im Berchtesgadener Land ihren Gamsbart vorn am Hut? Vermutlich kommt diese Art des Aufsteckens aus der militärischen Tradition, weil die Reiter ihre Federn in gleicher Weise getragen haben. Der Schreiber dieser Zeilen wurde aber beim allerersten Mal, als er dies gesehen hat, sehr, sehr stutzig …

Die Gockelfeder erinnert an die Zeit des »Haberfeldtreibens« im 18. und 19. Jahrhundert, ein – später von der Justiz verfolgtes – Femegericht, bei dem nachts unter lautem Gejohle und Lärm »Sündern« Verfehlungen vorgetragen wurden. Mit rußgeschwärzten Gesichtern und mit zwei Gockelfedern auf dem Hut trug der »Haberermeister« die »Schandtaten« vor (beispielsweise verwässerte Milch, liederlicher Lebenswandel, schlechte Tierhaltung, ein lediges Kind).

Die Westerhamer Trachtler züchten sich ihre Gockel selbst, um mit den Federn an den letzten Haberermeister Thomas Bacher (1863–1945) zu erinnern, der später Vorsitzender der »Vereinigten Trachtenverbände des Bayerischen Oberlandes« wurde (jetzt: Bayerischer Trachtenverband e.V.).

In Bischofswiesen steckt der Gamsbart vorn.

Hier stellt sich sogar der Bürgermeister von Feldkirchen-Westerham dem Fotografen.

Festverein

Warum behalten die Trachtler im Wirtshaus den Hut auf?

Zur Beantwortung dieser Frage müssen wir uns in Zeiten zurückversetzen, als es noch Kleiderordnungen gab, als die »Obrigkeit« noch vorschrieb, wer welche Art von Kleidung tragen durfte oder musste, vor allem, wer bestimmte Kleidungsstücke *nicht* tragen durfte. In Zeiten der großen Standesunterschiede (Adel, Klerus, Bürgerschaft, gemeines Volk, Unfreie) erkannte man schon am Gwand, welcher »Art Mensch« der oder die Träger bestimmter Kleidung angehörten.

Dazu gehört natürlich auch die Kopfbedeckung:

- Der freie Mann durfte einen Hut tragen – je größer, desto mehr Macht sollte dargestellt werden (bei kirchlichen Würdenträgern, Militär usw.).
- Der unfreie Mann musste sein Haupt bar tragen oder seine Mütze oder Kappe immer ziehen, sobald er auf jemand traf, der »höhergestellt« war.
- Verurteilten oder Ausgestoßenen wurden sogar die Haare geschoren (daher der Ausdruck: die »Gscherten«, der oftmals gegenüber Mitmenschen angewandt wird, die sich danebenbenehmen).

Demnach war der Hut *das Zeichen des freien Mannes*, diese Tradition pflegen noch viele Trachtler (und auch andere Männer) und behalten deshalb den Hut auf, außer beim Essen (aus Ehrfurcht vor der Speise), in der Kirche und beim Beten (aus Ehrfurcht vor dem Herrgott) und am Grab (aus Ehrfurcht vor dem Tod).

Im Bierzelt ist es meist nicht möglich, beim Essen den Hut geschützt abzulegen.

Wie viele Haare hat ein Gamsbart?

Der Siegerbart bei einer Gamsbart-Olympiade war aus 400 Büscheln mit je 300 Haaren verarbeitet, das sind 120 000 fein säuberlich sortierte und gebundene, bis zu 20 cm lange Nackenhaare von mehreren Gemsen. Viel Geschick und Erfahrung sind Voraussetzung, damit aus den Haaren des Wildtiers ein prächtiger Hutschmuck wird, wofür schon einige Tausender über den Tisch wandern. Deshalb dürfen diese Kostbarkeiten auch nur mit den Augen betrachtet werden, nicht mit den Fingern – sonst wird der Besitzer schnell ungemütlich (Fett oder Schweiß der Hände tun dem Gamsbart nicht gut).

Ein Prachtexemplar

Die Stresemann-Hose

Was hat ausgerechnet der in Berlin geborene Kurzzeit-Reichskanzler (1923) und mehrmalige Außenminister der Weimarer Republik Gustav Stresemann († 1929) mit unserer Tracht zu tun?

Zu ganz festlichen Anlässen wie Hochzeiten, kirchlichen Feiern oder Empfängen in der Politik wird ein Trachtenanzug, bestehend aus der grauen oder dunklen Joppe und einer langen Lodenhose, angelegt. Diese kann in der gleichen Farbe wie die Joppe oder schwarz sein. Anstelle der Lodenhose hat sich bei uns in den Dreißigerjahren des letzten Jahrhunderts eine gestreifte Stoffhose verbreitet, ähnlich der Anzughose des bekannten Politikers. Bis heute wird sie gern getragen – von Jung und Alt – und ist unter dem Namen »Stresemann« sprichwörtlich geworden. Der moosgrüne Anzug passt ebenso zu diesen Gelegenheiten im Alpenvorland (siehe Seite 39).

Vom eisenbeschlagenen zum Haferlschuh

»Von Kopf bis Fuß aus einem Guss«, dieser Spruch könnte auch für die Trachtler gelten.

Der Schutz des Fußes stand seit Menschengedenken Pate bei der Entwicklung des Schuhwerks. Zu jedem Gwand und Anlass gibt es etwas Passendes. Dies ist bei der Tracht nicht anders. Dabei überwiegt bei den Männern der sogenannte »Haferlschuh«. Woher der Name kommt, ist nicht bekannt. Man vermutet eine Ableitung aus dem Englischen (*half-shoe*, halber Schuh); eine alternative Erklärung besagt, dass der Schaft wie ein Haferl (kleines Gefäß) aussieht.

Auch Stiefel und Stiefeletten sieht man zuweilen, allerdings eher selten. Sportliche und bequeme Turnschuhe werden meist von der jüngeren Generation vorgezogen. Zur echten Tracht passen sie allerdings nicht (»Dresscode Oktoberfest«).

Der Miesbacher Männerschuh mit höherem und eisenbeschlagenem Absatz

Der Haferlschuh

Womit sich die Männer schmücken

Hauptaufgabe des Hirschfängers: Brotzeitschneiden …

Den meisten Vertretern des männlichen Geschlechts sagt man nach, dass sie weniger auf ihr Äußeres achten als Frauen. Ob für die Trachtler das Gleiche gilt? Allein die Tracht schmückt ja schon die mehr oder weniger grazilen Körper, durch verschiedene »Zutaten« werten sich die Herren der Schöpfung noch selbst auf …

Die folgende Zusammenstellung erhebt keinen Anspruch auf Vollständigkeit, zeigt aber, dass Tracht nicht nur aus Hemd und Hose besteht.

Messerkappe mit dem Hubertuskreuz als Zier

Bei den **Messern** unterscheidet man verschiedene Arten: von einfachen Hirschfängern bis hin zum Besteck.

Kleines Kunstwerk: gravierte Klinge

Hirschfänger: Wie der Name schon sagt, hat dieses Messer seinen Ursprung in der Jagd. Man kann es aber auch »nur« zum Brotzeitmachen verwenden. Die Griffe bestehen aus unterschiedlichem Material: Rehfuß, Krickerl oder Horn. Es kann glatt oder verziert sein.

Die Klinge ist häufig graviert, meist mit Initialen oder einem Spruch (Sarntaler Besteck). Auch ziselierte Klingen kommen vor, die mit Hammer und Schlageisen verziert wurden.

Verschiedene Griffarten

Fuhrmannsbesteck: Etwa seit dem 17. Jahrhundert werden Messer, Gabel und ein Pfriem (als Wetzstein oder Ahle) gemeinsam in einer Scheide mitgeführt. Fein gearbeitet war dies ein wertvolles Geschenk, etwa zur Hochzeit oder an Freunde.

Messer, Ahle, Gabel in einem Besteck

Gamskrickerl mit Flaschenöffner

Leider wird bei Großveranstaltungen aus Sicherheitsgründen oftmals das Mitführen von feststehenden Messern verboten (nicht die Träger sind die Gefährder, sondern andere, welche die Messer aus den Taschen ziehen und damit Unheil stiften können). Findige Bastler stecken sich deshalb Alternativen in das Messertaschl: beispielsweise Flaschenöffner mit Horngriff oder ein als Messer getarntes Schnaps- und Schmaizler-(Schnupftabak-)behältnis.

Im Griff versteckt sich der Schnupftabak, auf der anderen Seite Flüssiges – meist hochprozentig.

An der **Weste** (Leibl, Kamisol, Gilet, wie das Leibstück auch genannt wird) lässt sich »Mann« die »Allerweltsknöpfe« durch selbst ausgesuchte, wertvollere ersetzen. Die bestehen aus Silber oder Messing (nur der Boden oder der ganze Knopf), oder alten Münzen. Meist sind es dann ½-Mark-Stücke aus der Monarchie, die die Weste zusammenhalten.

Rückenspange aus Hirschhorn

Die **Joppe** zieren hauptsächlich Hirschhornknöpfe (sie wird nicht zugeknöpft), aber auch kunstvoll geschnitzte Hornteile, Ringe oder Ähnliches am Überschlag oder als Rückenspange.

Silbermünzen werden als Joppenknöpfe überwiegend bei der Volks- oder historischen Tracht verwendet. Je nach Anzahl und Größe der Münzen demonstrierte der Träger früher, wie wohlhabend er war.

Knöpfe aus Hirschhorn und (im Vordergrund) zwei noch unverzierte Rückenspangen

Eine Taschenuhr mit Goldkette aus dem Jahr 1895, die noch heute »im Einsatz« ist.

Reiche Bürger und Adelige trugen im 17. Jahrhundert die **Uhr** an einer goldenen Kette um den Hals. Im 18. Jahrhundert verbreitete sich dieser Brauch auch im Volk. Später wurde die Uhr zierlicher und flacher und verschwand in der Westentasche.

Kostbare goldene Gehänge in langovaler Form waren an der Uhr befestigt und hingen aus der Tasche heraus. Diese *Chatelaine*, ungefähr 10 bis 15 cm lang, sollte beispielsweise den Schlüssel zum Aufziehen der Uhr oder das persönliche Petschaft (Siegel) tragen. Aus der Chatelaine hat sich formal auch das Schariwari (Durcheinander, von frz. *charivari*, Radau, Lärm, Spektakel) entwickelt.

Süddeutschland ist durch die napoleonischen Kriege in engen Kontakt mit der französischen Lebensart und Sprache gekommen, viele Ausdrücke sind übrig geblieben.

Auch auf die Wahl der **Ketten** wird großer Wert gelegt: Es gibt Panzer-, Doppelpanzer-, Glieder-, Filigranketten, außerdem Verlaufsketten (die immer dünner werden).

Kette aus Frauenhaar (wohlgemerkt von der eigenen Frau)

Gurt (Ranzen): Ursprünglich diente der Lederriemen als Waffengurt, später zum Aufbewahren der Barschaft. Er wurde schlauchförmig gefertigt und mit Lederriemen verschnürt. Wie lange der Gurt so in Gebrauch war, ist unbekannt.

Im Nachlass eines Tölzer Flößers von 1779 wird ein »Geldgurt« aufgeführt – bei seiner gefährlichen Arbeit musste er sicher sein, dass bei einem unfreiwilligen Bad wenigstens das sauer verdiente Geld gerettet war.

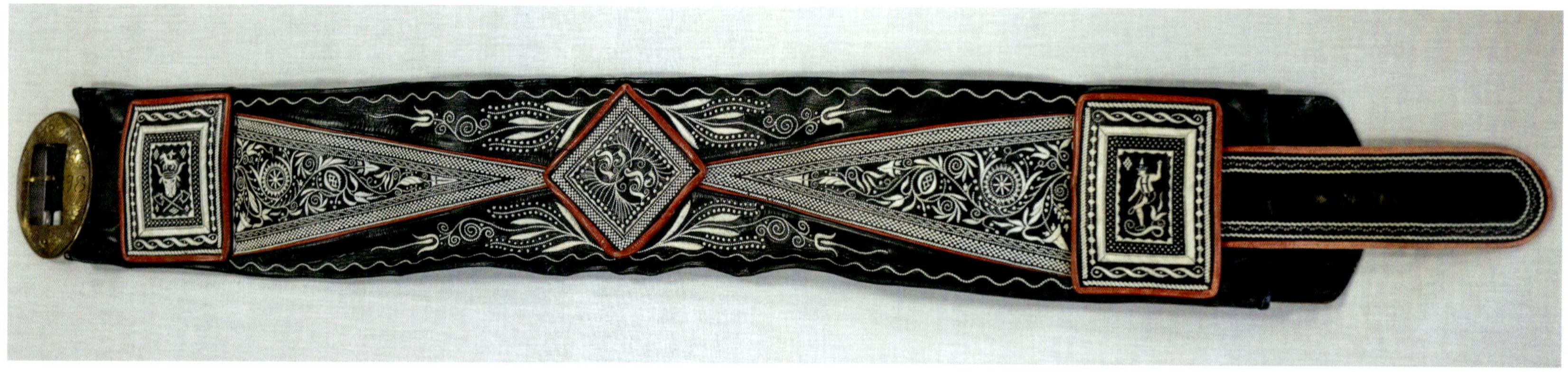

Federkielranzen, bestickt mit aus der Länge nach aufgeschnittenen Pfauenfedern

Die meisten der reich verzierten Ledergürtel entstanden Ende des 18. Jahrhunderts und wurden mit gespaltenen Pfaufederkielen bestickt. Der Name des Besitzers oder seine Initialen galten meist als Hauptschmuck. Aber auch das heilige Zeichen IHS (Iesus Hominum Salvator – Jesus, der Retter der Menschen) sollte den Träger beschützen.

Heute erlebt der Ranzen eine Renaissance, weil es wieder mehr Handwerker gibt, die nach der alten Methode sticken (Federkiel oder Zinnstift). Man muss jedoch beachten, dass der Ranzen nicht überall getragen wurde und nicht überall bodenständig war, wenn man sich als Trachtler einen solchen »Schmuck« zulegen möchte.

Zinnstiftranzen: Mehrere Tausend Zinnnägel werden in den Lederranzen getrieben. Das galt früher als Schutz vor Messer- oder Lanzenstichen und wird heutzutage nur mehr von ganz wenigen Handwerkern hergestellt.

Verschiedene Motive weisen auf den Beruf des Trägers hin.

Halsbinde: Während die Krawatte für den Herrn den schmückenden Verschluss des Hemdes darstellt, kommt bei den Trachtlern das Schmieserl, Bindl oder auch das »Krawattl« zum Einsatz. Abhängig von der Tracht und der Vereinszugehörigkeit besteht es aus einem Seiden- oder Baumwolltuch, kann aber auch gehäkelt sein.

Eine Eigenart im Berchtesgadener Land ist das besonders kurze Bindl (siehe Seite 4). Zum Festmachen dient der Riegel am Kragen, ein Silberketterl oder bei den Buam ein Wäschegummi.

Zusammengehalten werden die Schmieserl mit einer Brosche aus Filigranschmuck oder kleinen Talern, auch mit Silbernadeln mit einem Motiv (Hirsch) oder einer Münze. Hier gibt es zahlreiche Möglichkeiten zu einer wirklich individuellen Gestaltung.

Vielerorts wird das Tuch weggelassen und das Hemd nur mehr – wenn überhaupt – mit einer Tuchnadel verschlossen (auch an Festtagen macht inzwischen die Tradition der Bequemlichkeit Platz).

OBEN: **Das Schmieserl besteht meist aus Seide oder Baumwolle.**

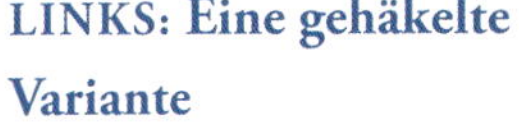

LINKS: **Eine gehäkelte Variante**

RECHTS: **Tücherlring, aus Hirschhorn geschnitzt**

Roagaspitz (Reiherfeder)

Als **Hutschmuck** sind Adlerflaum, Gamsbart, Roagaspitz, Spielhahnstoß oder Spielhahnscher gebräuchlich, aber auch Gockelfeder und Edelweiß (aus Holz geschnitzt oder getrocknet aus eigener Anzucht, denn die Pflanze steht unter Naturschutz).

Bei Trauer wird kein Hutschmuck aufgesteckt, das gilt in manchen Gegenden auch in der Fasten- und Adventszeit.

Spielhahnstoß (vom Birkhahn)

Adlerflaum

Der **Männerohrring** macht auch vor den Trachtlern nicht halt. Mehr oder weniger große Stecker oder Ringe zieren das Ohrläppchen, weil es »das Augenlicht schärft« oder »mein Großvater auch schon einen getragen hat«. Und so schmückt sich mancher Gebirgstrachtenträger mit dieser Modeerscheinung (die auf keine wissenschaftlichen Beweise zur Wirkung auf die Sehschärfe oder andere helfende Ergebnisse verweisen kann).

Viele Verantwortliche der Trachtenbewegung lehnen den Männerohrring in der Gebirgstracht ab (beim Preisplattln werden in einigen Gebieten sogar Punkte hierfür abgezogen).

Die Volksmeinung über die medizinische Wirkung des Ohrrings auf die Sehschärfe machte ihn eher zu einem Glücksbringer oder Amulett als zu einem Schmuckgegenstand, welcher wie mancher Schariwarianhänger vom (Aber)-glauben seines Trägers abhängig ist.

IRMGARD GIERL,
»TRACHTENSCHMUCK AUS FÜNF JAHRHUNDERTEN«

Wenn man will, geht's auch:
mit Tracht – ohne Ohrringe.

Macht Frauen noch schöner – der Trachtenschmuck

Frauen wollen schön sein. Das ist verständlich und wird – besonders vom männlichen Geschlecht – voll unterstrichen. Die Vielfalt, Machart, Beschaffenheit und Anpassung der Trachten betont diesen Wunsch. Das Feine, das Individuelle, das Persönliche gibt sich die holde Weiblichkeit selbst (oder lässt es sich geben), und zwar in Form von Schmuck, der zum Gwand passt.

Hier sollen nur die Teile aufgeführt werden, die in der Regel zur Tracht gehören, wobei der Gestaltungsrahmen zwar umfangreich, jedoch in der echten Tracht begrenzt ist. Modeschmuck passt zur Mode, unechter Glitzerschmuck zum Glitzerdirndl – zur Tracht, und damit ist die echte Tracht gemeint und nicht das, was manche sich darunter vorstellen, gehört Traditionelles.

Zehngängige Kropfkette mit 6 cm langer Schließe

Kette mit Granaten (viele Frauen sind gegen Silber allergisch und weichen deshalb auf andere Materialien aus)

Am Mieder hängen
zahlreiche Taler oder in
Silber gefasste Amulette.

Der Miederstecker bildet das Ende (oder den Anfang) der Kette.

Verschiedene Miederstecker, jeder für sich ein Meisterwerk

Kropfkette mit sieben Gängen (Gliederketten)

Haarnadeln mit unterschiedlich gestalteten Köpfen

Kropfketten mit Granatsteinen oder Silberketten sowie Ohrringe

Unser höchstes Gut – Kinder

Wer die Jugend hat, hat die Zukunft. Wie in allen Bereichen unseres Zusammenlebens gilt dies auch bei den Trachtlern. Etwa 100 000 Kinder und Jugendliche sind in den Vereinen des Bayerischen Trachtenverbandes aktiv, ob als Plattler oder Tänzerinnen, als Musikanten oder Sänger, aber auch schon »auf den Brettern, die die Welt bedeuten« schnuppern junge Menschen Theaterluft und pflegen somit das Brauchtum, das von den »Alten« übernommen wird.

Und wenn es dann zu den Auftritten oder Wettbewerben wie Preisplattln, Dirndldrahn oder für die Größeren schon zum Boarischen Tanz geht, dann natürlich in der entsprechenden Tracht. Die Festtracht ist – sagt ja der Name schon – den großen Anlässen vorbehalten.

Beim Gegenzug

Auftanz der Kleinen

Mit Strickjacke zum
Schutz vor Kälte

Der Gottesdienst dauert
und dauert und dauert …

Zum ersten Mal auf der
großen Bühne …

81. GAUFEST CHIEMGAU-ALPENVERBAND
120 Jahre „Daxenwinkler Atzing“

»I gfrei mi scho«, verraten uns seine Augen.

Wann geht's endlich los?

»Mia zwoa passn zamm.«

»Edelweiß« Bad Aibling –
unten: viel Wasser trinken,
damit wir durchhalten!

25.6.1995
Zur Fahnenweihe
gewidmet v. d. Fahnenmutter
Rosmarie Rieger

Über's Jahr

Der hl. Antonius ist in Wildenwart immer dabei.

Fronleichnam

Der »Prangertag«, Antlaß, Kranzltag – mehrere Bezeichnungen für ein Fest, an dem der Leib Christi in Form einer Hostie in einer Monstranz vom Pfarrer durch die Straßen einer Gemeinde getragen wird.

Am zweiten Donnerstag nach Pfingsten begleiten in den überwiegend katholischen Gebieten neben den kirchlichen auch die weltlichen Gruppierungen das Allerheiligste. Da diese Feier eines der höchsten kirchlichen Feste darstellt, legen die Trachtler zu diesem Anlass auch ihr festliches Gwand an.

In Bad Feilnbach tragen die ledigen Dirndl Heiligenfiguren, dazu haben sie das seidene Miedergwand angelegt.

Gasthaus zum Dauschn

Die »weltlichen« Teilnehmer bei der Prozession vor herrlicher Kulisse

Beim Trachtenfest

Trachtler verstehen zu feiern. Kein Sommer vergeht, in dem nicht mindestens ein großes Trachtenfest die Menschen zusammenbringt. Vereinsjubiläen, Fahnenweihen und Gaufeste bestimmen den Kalender in der warmen Jahreszeit. Im südöstlichen Oberbayern gibt es sogar fixe Termine für die Gautrachtenfeste, um Überschneidungen zu vermeiden.

Die Trachtengaue sind regionale Zusammenschlüsse von Trachtenvereinen; in Bayern gibt es zur Zeit 25 Gauverbände mit rund 880 Vereinen. Dementsprechend kommen dann – je nach Größe des Verbandes – mehrere Tausend Trachtler und Musikanten zusammen, um gemeinsam mit einem Gottesdienst feierlich den Tag zu beginnen und beim Festzug durch den Ort die Vielfalt und Schönheit ihrer Trachten zu zeigen.

Bei diesen Höhepunkten im Trachtlerjahr ist oft die ganze Familie dabei. Ehrengäste oder Teilnehmer, die nicht mehr gut zu Fuß sind, werden in Kutschen oder Trachtlerwagen gefahren, und oftmals trägt der Papa den jüngsten Nachwuchs auf seinen Armen, wenn das Gehen zu anstrengend wird.

Zur Belohnung gibt es nach dem Festzug im Bierzelt die verdiente Erfrischung und Stärkung. Die Trachtler freuen sich an diesen Tagen auf das Zusammentreffen mit ihren Freunden aus anderen Orten und begrüßen sich beim Gegenzug mit einem lauten »Juchzer«.

Altenbeurer Trachtlerinnen mit unterschiedlichen Schürzen

Ein Trachtenverein ist ein Familien-»betrieb«: Bis zu vier Generationen gibt diese Gemeinschaft ein gemeinsames Dach.

Auch die Festzugzähler tragen ihr schönstes Gwand.

Die Emmeringer Burschen haben sichtlich Freude.

Lauterbacher Dirndl

Der Papa meint's ja nur gut …

Ich hab's gut, ihr Wildenwarter müsst gehen …

Rimsting

Hoffentlich gibt das keine Grasflecken!

Schleching

Ein kleiner Ratsch vor dem Festzug

Eingerahmt von Fahnen und Blumen

Bad Feilnbacher Schalkfrauen in Rosenheim

Die Westerhamer Dirndl grüßen freundlich.

Geduldig warten die Kaltblüter auf ihren Einsatz.

Kreuz

Blasmusik und Trachtler gehören zusammen.

Die Plattler »schweben«.

Plattln und Drahn (Schuhplatteln und Dirndldrehen) ist Leistungssport …

… und macht Spaß!

ERBAND
zing"

120 JAHRE

Daher kommt der Name »Tellerrock« (verbreitet im Chiem- und Rupertigau).

Der Rock formt sich beim
Drehen zu einer Glocke
(verbreitet westlich des Inns).

Oafach glücklich …

Feierliche Fahnenbandübergabe mit Prolog

der
Gau-
standarten-
weihe
Eure Paten
GTEV
D'Jenbachtaler
Bad
Feilnbach
für
Patenschaft
Gauverband I
16.7.2017

Blick vom Altar bei der heiligen Messe

Vorbereiten für die Opfergaben: »Hamma no a Kloageld?«

Zeugnis der Verbindung von Glaube und Tracht

Abkühlung tut gut!

Erfrischung – aus dem Hut gezaubert!

Kühlt auch, schmeckt gut und tropft …

Die pure Lebensfreude ist aus den Gesichtern zu lesen!

Die Feilnbacher Senioren werden gefahren.

Fahnengruß zweier Patenvereine

Die wertvollen Fahnen werden ebenfalls geschmückt – meistens.

Keine Angst vor großen Tieren

Fesche Reiterinnen auf stattlichen Rössern

Trachtlerwagen

Warten auf den Abmarsch

Herbstfestzeit – nicht immer muss es die Festtracht sein

Wenn sich die holde Weiblichkeit »ins Dirndlgwand schmeißt«, wenn der Bursch seine »Werktagslederhose« anlegt und auch mal etwas zwangloser gekleidet ist, dann ist Volksfestzeit. Jung und Alt treffen sich im bodenständigen Gwand, nicht in der Festtracht (Wiesneinzug, Oktoberfestzug, Erntedank usw. einmal ausgenommen). Hier kommt das legere Gwand zum Einsatz: die »Kurze«, Strümpfe oder Loferl, es darf auch ein farbiges Hemd sein (nicht an Festtagen), dazu einen Hut auf dem Kopf – so taugt es den Männern.

Allerdings wird unter dem Deckmantel »Tracht« auch vieles angeboten, was damit nichts zu tun hat: Glitzerdirndl oder »Krachlederne« sollen das Gefühl vermitteln, vorübergehend »bairisch« zu sein, besonders im Vorfeld der großen Herbst- oder Oktoberfeste. Wenn die Träger/innen sich dabei wohlfühlen und wissen, dass sie keine Tracht, sondern saisonale Folklorebekleidung oder Landhausmode tragen, dann sollen sie damit glücklich sein. Manche sind dabei schon auf den Geschmack gekommen, sich eine richtige Tracht zuzulegen.

Die Goaßler kommen immer gut an.

Und wer noch wirkliche Gemütlichkeit erleben will: Während des Rosenheimer Herbstfestes spielt die Musi am mittleren Sonntag der »Wiesn« im Flötzinger Festzelt den ganzen Abend nur traditionelle Musik in einer Lautstärke, dass man sich am Tisch noch unterhalten kann. Zwischendrin wird einmal geplattlt (Schuhplattler), Goaßlschnalzer lassen sich ebenfalls hören. Dieser Versuch, Ursprünglichkeit auf's Volksfest zurückzuholen, gelingt seit 2006.

Gemeinschaftsplattler in den Zeltgängen

Leonhardifahrt in Lippertskirchen

Verheiratete und Ledige aus Au bei Bad Aibling bei der Leonhardimesse in Lippertskirchen

Leonhardifahrt

Zu Ehren eines der 14 Nothelfer, des Schutzheiligen des Viehs und der Pferde, werden am oder um den Namenstag des hl. Leonhard (6. November) in Prozessionen – den Leonhardiritten oder -fahrten – die prachtvoll geschmückten Rösser (und Menschen) gesegnet. Für diesen Anlass zieht man ebenfalls das festlichste Gwand an, natürlich der kälteren Witterung angepasst. Die Männer haben lange Stoff- oder Lederbundhosen an, die verheirateten Frauen tragen zum Schutz vor Kälte ein Tuch oder einen Fuchspelz um die Schultern. So mancher Kittelschnaps wärmt auch von innen.

Durch's Leben

Taufe

Eng verbunden mit unserem Brauchtum ist auch der christliche Glaube. Ob katholisch oder evangelisch, für die Familie sind Taufe, Erstkommunion, Firmung oder Konfirmation große Feste. Das entsprechende Gwand der Angehörigen gibt diesen Familienfeiern den würdigen Rahmen. Auch beim letzten Geleit wird die Tracht als Trauergewand angelegt, ohne Schmuck, ohne Blumen – dem Anlass angemessen.

Ungeachtet vieler Austritte bekennen sich doch wieder Erwachsene zur christlichen Kirche, auch hier passt die Feiertagstracht.

Erstkommunion

In einem weißen Kommuniondirndl ist die Feier noch mal so schön.

Trachtenjoppe und »Stresemann«-Hose

Zur Hochzeit ein neuer Schalk – mit Farbton …

Hochzeit

Der »schönste Tag im Leben« soll natürlich auch mit dem schönsten Kleid begangen werden. Während bis zu den Achtzigerjahren des letzten Jahrhunderts Trachtenhochzeiten ganz selten zu sehen waren, »trauen« sich jetzt immer mehr Paare in Tracht. Wobei die Auslegung bzw. Ausführung doch sehr unterschiedlich ist: Ein Spitzendirndl mit viel Glanzschnickschnack oder eine um die Knie offen getragene Bundhose ohne Träger hat halt mit Tracht nichts zu tun.

Wer's gut und passend haben will, geht zur Schneiderin oder zum Schneider und lässt sich das zur Heimat passende Gwand machen. Die Frauen heiraten im bereits erwähnten Schalk, im Röcke oder Kasettl, aber auch in einem festlichen Dirndl- oder Miedergwand. Dabei lassen sie sich nur für die Hochzeit die passende Schürze oder das Einstecktuch fertigen. Die Männer suchen sich Stoff, Schnitt und Zubehör ebenfalls individuell aus, sodass beide im einzigartigen Gwand vor den Altar treten. Die Braut trägt übrigens keine Kopfbedeckung, sie kommt ja erst »unter die Haube«.

Die Männer lassen sich einen Anzug schneidern, den sie später auch noch zu anderen festlichen Anlässen tragen können (vorausgesetzt, er wächst mit).

Frau, Anzug und Hut –
stehen ihm gut.

Tracht ist keine Uniform

Die schaun ja alle gleich aus« oder »uniformierte Biertrinker« – solche Aussagen hört man manchmal, wenn bei einem Festzug 30, 50 oder mehr Frauen und Männer in ihren Trachten vorbeimarschieren.

Hierzu ein kleiner Rückblick: Zur Zeit, als sich die Trachtenträger erstmals in Vereinen zusammenschlossen, also Ende des 19. Jahrhunderts, trug jede/r die Tracht, die im Haus oder am Hof üblich war. Verschiedenste Arten von Schuhen, Strümpfen, Hosen, Joppen oder Hüten sind bei den Männern auf historischen Fotografien von Trachtenvereinen zu erkennen, während die Frauen auf den ersten Blick sehr ähnliche Trachten trugen. Erst später wollten die Vereine beim gemeinsamen Besuch von Festlichkeiten oder Feiern am Ort ein geschlossenes Bild abgeben und vereinheitlichten ihr äußeres Erscheinungsbild. Daran lässt sich oftmals auch die Herkunft der Trachtler erkennen, etwa Oberlandler, Inntaler, Chiemgauer oder Berchtesgadener.

So unterschiedlich das überlieferte Gwand ist, so unterschiedlich sind auch die Menschen, die darin stecken. Wenn vom »Tal der Büffel« gesprochen wird, wenn es heißt: »der kimmt vom Berg owa« oder auch »eahm schaug o, den Stoderer (Stadtbewohner)«, dann schwingt da schon eine gewisse Einschätzung mit, wie man seine Mitmenschen charakterisiert.

Und dennoch haben die Trachtler alle etwas gemeinsam: die Liebe zu ihrer Heimat, zum bodenständigen Gwand, dem Brauchtum im Jahres- und Lebenslauf. Alles in der Gewissheit, in einer mit Bergen, Flüssen, Seen verwöhnten Landschaft leben zu dürfen. »Wen Gott lieb hat, den lässt er fallen in dieses Land« schrieb schon Ludwig Ganghofer – wie recht er doch hatte.

»Des derfst bloß Du macha …«

Die Umschlagvorderseite zeigt ein junges Trachtlerpaar vor dem Samerberg,
auf der Umschlagrückseite ist der Marktplatz Neubeuern während der Heiligen Messe zu sehen.

© 2018 Edition Förg GmbH, Rosenheim
www.rosenheimer.com

Alle Fotos im Buch und auf dem Einband stammen von Rainer Nitzsche, Samerberg,
mit Ausnahme der nachstehend genannten Aufnahmen:
Bilder S. 8, 9, 17 rechts, 20 oben, 27, 32, 33, 34, 41, 48, 69, 73, 136: © Walter Weinzierl, Kolbermoor
Bilder S. 22: © Johanna Gaar, Flintsbach
Bilder S. 35, 45 unten, 77: © Klaus G. Förg, Rosenheim
Bild S. 36: © Anton Demmelmeier, Schaftlach
Bild S. 38 links: © Sepp Schmid, Höhenmoos
Bild S. 40: © Sepp Angerer, Bischofswiesen
Bilder S. 89, 134, 135: © Peter Strim, Bad Feilnbach
Bilder S. 132, 133: © Flötzinger Bräu, Rosenheim
Bild S. 137: © Stadler Foto, Bad Feilnbach
Bilder S. 138, 139: © Winkler Foto, Bad Endorf

Text und Bildunterschriften stammen von Walter Weinzierl.
Satz und Lektorat: VerlagsService Dietmar Schmitz GmbH, Heimstetten
Bildbearbeitung: Fotoweitblick Raphael Lichius, Bad Aibling
Druck und Bindung: FIRMENGRUPPE APPL, aprinta druck, Wemding
Printed in Germany

ISBN 978-3-933708-49-6